Memórias de um professor de antigamente

Dados Internacionais de Catalogação na Publicação (CIP)
(Jeane Passos de Souza - CRB 8ª/6189)

Nascimento, Orlando Roberto do
Memórias de um professor de antigamente / Orlando Roberto do Nascimento. – São Paulo: Editora Senac São Paulo, 2020.

ISBN 978-85-396-3113-1 (impresso/2020)
e-ISBN 978-85-396-3114-8 (ePub/2020)
e-ISBN 978-85-396-3115-5 (PDF/2020)

1. Educação : Brasil 2. Educação rural – São Paulo (estado) 3. Atuação docente 4. Formação do professor 5. Professor – memórias I. Título.

20-1070t

CDD – 370.8
371.1
370.981
BISAC EDU000000
EDU052000

Índice para catálogo sistemático:
1. Professor - Memórias 370.8
2. Atuação docente : Formação do professor 371.1
3. Educação rural : Brasil : São Paulo (estado) 370.981

Orlando Roberto do Nascimento

Memórias de um professor de antigamente

Editora Senac São Paulo - São Paulo - 2020

Gerente/Publisher: Jeane Passos de Souza (jpassos@sp.senac.br)
Coordenação Editorial/Prospecção: Luís Américo Tousi Botelho (luis.tbotelho@sp.senac.br)
Márcia Cavalheiro Rodrigues de Almeida (mcavalhe@sp.senac.br)
Administrativo: João Almeida Santos (joao.santos@sp.senac.br)
Comercial: Marcos Telmo da Costa (mtcosta@sp.senac.br)

Edição e Preparação de Texto: Gabriela Lopes Adami
Coordenação de Revisão de Texto: Luiza Elena Luchini
Revisão de Texto: Karen Daikuzono
Capa e Projeto Gráfico: Sandra Regina Santana
Impressão e Acabamento: Gráfica CS Eireli

EDITORA SENAC SÃO PAULO
Rua 24 de Maio, 208 – 3º andar – Centro – CEP 01041-000
Caixa Postal 1120 – CEP 01032-970 – São Paulo – SP
Tel. (11) 2187-4450 – Fax (11) 2187-4486
E-mail: editora@sp.senac.br
Home page: www.livrariasenac.com.br

Sumário

Nota do editor

O processo de ensino e aprendizagem não envolve somente a técnica, o conhecimento ensinado e adquirido, mas passa também pelos exemplos pessoais, pela experiência vivida e compartilhada, pelo contato com o outro. Nesse sentido, conhecer o relato de Orlando Nascimento, que iniciou suas atividades como docente na década de 1960, nos permite comprovar que a bagagem profissional vai muito além das metodologias e competências praticadas.

Narrado em primeira pessoa, o livro tem um tom memorialista, mas também faz um retrato da educação no contexto rural do interior de São Paulo – contexto que, embora pareça longínquo, ainda hoje encontra algumas similaridades por todo o país. Em meio às particularidades da história do autor, é possível encontrar detalhes universais referentes a essa que tem sido, desde sempre, uma das profissões mais importantes para a sociedade como um todo.

Com este lançamento, o Senac São Paulo reforça seu compromisso com a educação e com uma formação mais humana e abrangente de estudantes e professores.

Agradecimentos

À memória dos que partiram: meus pais, seu Juca e dona Maria, e os irmãos Miroca, Jonas, Antônio, Alfeu, Zezé, Consuelo e Homero.

Aos irmãos Dito e Beni, sendo ela a responsável por minha alfabetização e pela acolhida em sua casa, o que me permitiu frequentar, em uma escola rural, o segundo e o terceiro anos do curso primário.

À Eva, companheira querida por mais de quarenta anos.

Às minhas filhas tão amadas, Cássia e Sílvia, e a seus maridos, Rogério e Ribamar, que se tornaram filhos.

Ao bando de fantásticos netos: o Antônio, ou Tonico; a Betânia, que esteve conosco apenas por dezenove dias; a Catarina, ou Catita; o Francisco, ou Chicotinho; e o Paulo, sempre Paulinho.

A todos, abraços e beijos, do coração.

Os anos passam e tantas vezes contei a história,
que não sei se a recordo de fato ou
se só recordo as palavras com que a conto.

Jorge Luis Borges, "A noite dos dons",
em *O livro de areia.*

Necessário introito

Foi no fim de uma tarde de um dia quatorze de fevereiro, segunda-feira, que a carroça do Juca Barba, atrelada a dois burros, atravessou a porteira, passou pelo curral até estacionar – o gordo carroceiro estalou o rebenque no lombo dos burros, com nervosos assobios e interjeições (*pruuuuu! pruuuuu!*), e com palavrões executou difíceis manobras – junto à porta da sala. O Vinagre latiu e, por isso, levou um raivoso pontapé, não tendo outro recurso senão fugir e se esconder embaixo do pé de mexerica. Eu, cá comigo, fiquei em dúvida: vou atrás do Vinagre acarinhar sua perna dolorida ou fico aqui junto à porta da sala, por demais curioso, a vigiar a carga da carroça?

Eram carteiras, que contava uma a uma, e Juca Barba, suado pelo esforço, pediu mais uma caneca d'água enquanto esvaziava a carroça: oito carteiras, daquelas duplas – com mesinha e assento –, brilhantes, de madeira e com os pés de ferro negro, que foram ajeitadas na sala de estar da casa em duas fileiras apertadas, desalojando as três cadeiras de palhinha, que foram para a cozinha, e pronto: estava inaugurada a Escola Municipal do Baguaçu.

Na manhã seguinte, uma terça-feira, minha irmã Beni, que tinha feito até o terceiro ano e era agora professora, ordenou para aquele bando de crianças com capangas de pano penduradas nos ombros magros, com seus cadernos e cartilhas e lápis e borrachas, que formassem logo a fila e entrassem na sala, a qual até ontem era a sala de estar com as três cadeiras de palhinha. ("E agora onde é que o pai vai se sentar para fumar enquanto espera chegar as seis horas, para então chamar a mãe na cozinha e – *psiuuuuu!* – exigir silêncio total, ligar o rádio para ouvir e rezar a ave-maria na voz de Júlio Louzada?")

Fui colocado na carteira da frente, sentado junto do Alcebíades, muito obediente, e como me acostumei na escola – que até ontem era sala de estar –, logo na semana seguinte ganhei uma capanga de pano, cadernos, lápis, borracha e cartilha...

No fim do ano, veio o inspetor fazer o exame e ouviu de minha irmã:

"O Landinho, este pequeno aqui da frente, é meu irmão e não está matriculado, mas queria que o senhor permitisse que ele fizesse o exame..."

"Sim, fazer o exame ele pode, mas se não está matriculado não tem validade nenhuma."

"Não se matriculou por falta de idade."

Encerrado o exame, o inspetor ficou sozinho na sala corrigindo as provas, e apenas quando deu por terminada a tarefa foi convidado por meu pai para almoçar. Contou para minha mãe que eu tinha uma letra muito bonita, que havia acertado todo o ditado e quase todas as continhas e os problemas, e que se tivesse sido matriculado teria passado para o segundo ano com mais de noventa, quase com cem de nota. Enquanto o inspetor falava, comia frango com arroz e tossia, tanta pimenta-malagueta que havia em seu prato, e até ficou com os olhos vermelhos; minha mãe e a irmã Beni – minha professora naquele primeiro ano – também tinham os olhos marejados, mas não haviam colocado pimenta-malagueta no prato de arroz com frango...

Minha irmã se casou e Juca Barba novamente encostou a carroça tocada por dois burros na porta da sala de casa, carregou de volta as carteiras de madeira com pés de ferro negros e as levou para montar outra escola. Assim, a Escola Municipal do Baguaçu fechou suas portas, e as três cadeiras de palhinha que estavam na cozinha voltaram para a sala, e o pai voltou a sentar nelas para fumar junto à porta e chamar a mãe na cozinha para – precisamente às seis horas – ouvir e rezar a ave-maria na voz de Júlio Louzada.

Um ano depois, também em um dia quatorze de fevereiro, dessa vez domingo, fui colocado na garupa do Branquinho, a minha irmã nas rédeas, eu carregando nas costas a capanga com as roupas que tinha: havia ficado resolvido que iria morar com minha irmã para estudar na Escola Municipal da Boa Vista, uma pequena escola branca, de janelas azuis e telhas marrons, ao lado do córrego do Bom Jesus, que ficava a mais ou menos quarenta minutos a pé do sítio onde passei a morar.

A professora, dona Terezinha – moça bonita, de óculos grandes, rosto delicado e voz calma –, dizia: "vamos formar a fila"... E assim, voltei a sentar em uma carteira de madeira, com pés de ferro, agora ao lado de um menino negro, o Rui, ambos no primeiro ano. Dona Terezinha fazia os ditados, mandava copiar as lições da cartilha e escrever os números de um até dez, e no fim da segunda semana de aula, hora do recreio, ordenou que eu ficasse na sala:

"Faça estas continhas aqui... Agora escreva o que vou ditar... E quem descobriu o Brasil?"

"Foi Pedro Álvares Cabral..."

"Preste atenção no que vou te dizer, Orlando: diga à sua irmã que você vai para o segundo ano, semana agora já trago o livro de leitura e os cadernos do segundo ano."

E no fim da aula corri para casa feito doido, ou como se estivesse fugindo de cachorro bravo; cheguei esbaforido, suado, a capanga fora do ombro e a camisa aberta no peito, e minha irmã, assustada:

"Que foi, alguma vaca brava?"

"Não, madrinha, foi que..."

"Foi que o quê, menino de Deus, fale logo o que foi que aconteceu... Quer um pouco de água com açúcar?"

"Nada, não, madrinha, é que dona Terezinha me passou para o segundo ano..."

E os olhos de minha irmã marejaram e ela se pôs a berrar: "Dari, Dari, o Landinho foi para o segundo ano!"...

No dia qu'eu vi'mbora

As aulas do curso primário continuavam a ter o início marcado para o primeiro dia útil da segunda quinzena de fevereiro, que naquele distante ano de 1964 foi o dia dezessete, uma segunda-feira. Às oito horas, estávamos – os professores da zona rural do município de Registro – reunidos em uma sala do Grupo Escolar. O inspetor de ensino à frente da mesa, de terno e gravata, cerimonioso, depois de um "bom dia a todos" tirou os óculos e desamassou um papel datilografado com a lista de professores; leu o primeiro nome, ticou com um "x" o nome chamado e, então – sempre cerimonioso –, colocou os óculos e deu "posse" à professora, cujo nome começava com "A". E eu, ansioso, atento ao abecedário: Carolina e depois Dalva... Nair... Até chegar a vez do "O": fui um dos últimos e, naquele silêncio respeitoso que havia na sala, emocionei-me ao ser convidado para ir à frente receber os documentos referentes àquele ano escolar.

O inspetor de ensino – professor Manoel, já de óculos: um homem elegante, alto, rosto alegre, de quem aprendi a gostar – tirou os óculos e leu: "Professor Orlando Roberto do Nascimento, convidado para tomar posse da Escola de Emergência do Bairro da Lagoa Nova". Aqueles cinco ou seis passos necessários para chegar até a mesa e receber a "posse" da escola pelo inspetor foram lentos, e percebi que tremia – "que vergonha, o que o inspetor vai pensar? Na certa vai imaginar que sou um tonto". Chego à mesa e recebo, junto dos livros, um aperto de mão, e com a voz de tenor, quase barítono: "Boa sorte, professor Orlando. Precisando de ajuda, conte com a gente, estamos aqui para isso; e mês que vem vou visitar sua escola"...

A Escola de Emergência do Bairro da Lagoa Nova ficava a 24 quilômetros da cidade de Registro, à beira do caudaloso Ribeira de Iguape, um belo rio de lentas e calmas águas cor de garapa. Em períodos de chuva – tempo das águas –, o acesso à escola era possível apenas por barco, a pé ou trator. E então, na terça-feira, dia dezoito de fevereiro, às oito horas da manhã, atravessei os cinco metros da prancha de madeira para alcançar a Lancha Sete, da Companhia Sorocabana. Com a mala na mão direita, equilibrei o corpo com um guarda-chuva – daquele tipo automático que teimava em abrir a hora que dava na telha. O céu azul, uma nuvenzinha aqui e outra ali, indicava que a chuva não cairia naquele dia, e o mestre da Lancha:

"Para onde o senhor vai?"

"Para Lagoa Nova, leva mais ou menos quanto tempo?"

"Coisa de três horas, um pouco mais... É professor?"

"Sim."

"Então paga o mesmo que os nativos."

Acomodei-me junto à proa da lancha, ajeitei a mala embaixo do banco de madeira e cuidei de amarrar o guarda-chuva teimoso. A lancha logo apitou, avisando que estava de partida. Fiquei ali calado, ensimesmado, atento a todos os movimentos do mestre, o qual, com o apoio de um prático, iniciou as lentas manobras da Lancha Sete, que zarpava devagar, pesadona, e a avenida Fernando Costa – principal rua da cidade – ia sumindo, desaparecendo.

Município de Registro: rio Iguape em Sete Barras (1958).

Fotografia de Antonio José Teixeira Guerra; Tibor Jablonsky. Acervo IBGE.

A lancha alcançou a calha do rio e, "no canal", acelerou ao passar sob a enorme ponte da BR-111... *Pluft! pluft!*, o motor e as águas misturando os sons, e a Lancha Sete, para mim, se tornava um ser colorido, com vida: os passageiros homens se reuniam para jogar baralho e beber cachaça, e as mulheres – poucas – se acomodavam abaixo do toldo para fugir do quente sol... A cidade cada vez mais longe, distante, sumindo no horizonte... E me vi só.

O guarda-chuva, teimoso, esqueceu que estava amarrado, abriu por conta própria – *pluftt!* – e gotas d'água respingaram na mala com as roupas e os livros. Respirei o ar gorduroso da fumaça preta de óleo diesel, pensando "*DEUS DO CÉU*: que caminho mais doido foi esse que escolhi para vir parar aqui, agora, em meio a um desconhecido rio, neste ermo mundo de Deus?".

Encolhi o corpo – que, obediente, curvou-se, tomando a forma de um ponto de interrogação –, cobri a mala com as pernas para evitar os respingos, o sol queimando a cabeça e as costas, e continuei ali na proa de uma lancha no Ribeira de Iguape, que até então só havia visto em fotos nos livros de geografia: seria este mesmo o caminho/rio?

A memória corria em busca das decisões tomadas para entender para onde me trouxeram e o que estou a fazer aqui no meio do Ribeira... fui recordando: a última e difícil decisão foi abdicar da carreira de jogador de futebol profissional (mesmo naquela época a vida de jogador já tinha lá seus encantos), e foi uma decisão difícil, demorada, tomada com apoio da família – pais e irmãos –, que se orgulhavam de ter um filho/irmão professor. Contava também com o apoio, este mais racional, de um professor – outra hora falo dele –, e não me sentia arrependido da decisão tomada.

Um ano antes, enquanto fazia o curso de aperfeiçoamento, logo após terminar o curso de formação de professores primários, havia também desistido, por questões financeiras, de me tornar monge, e a mais fácil desse anacrônico rol de

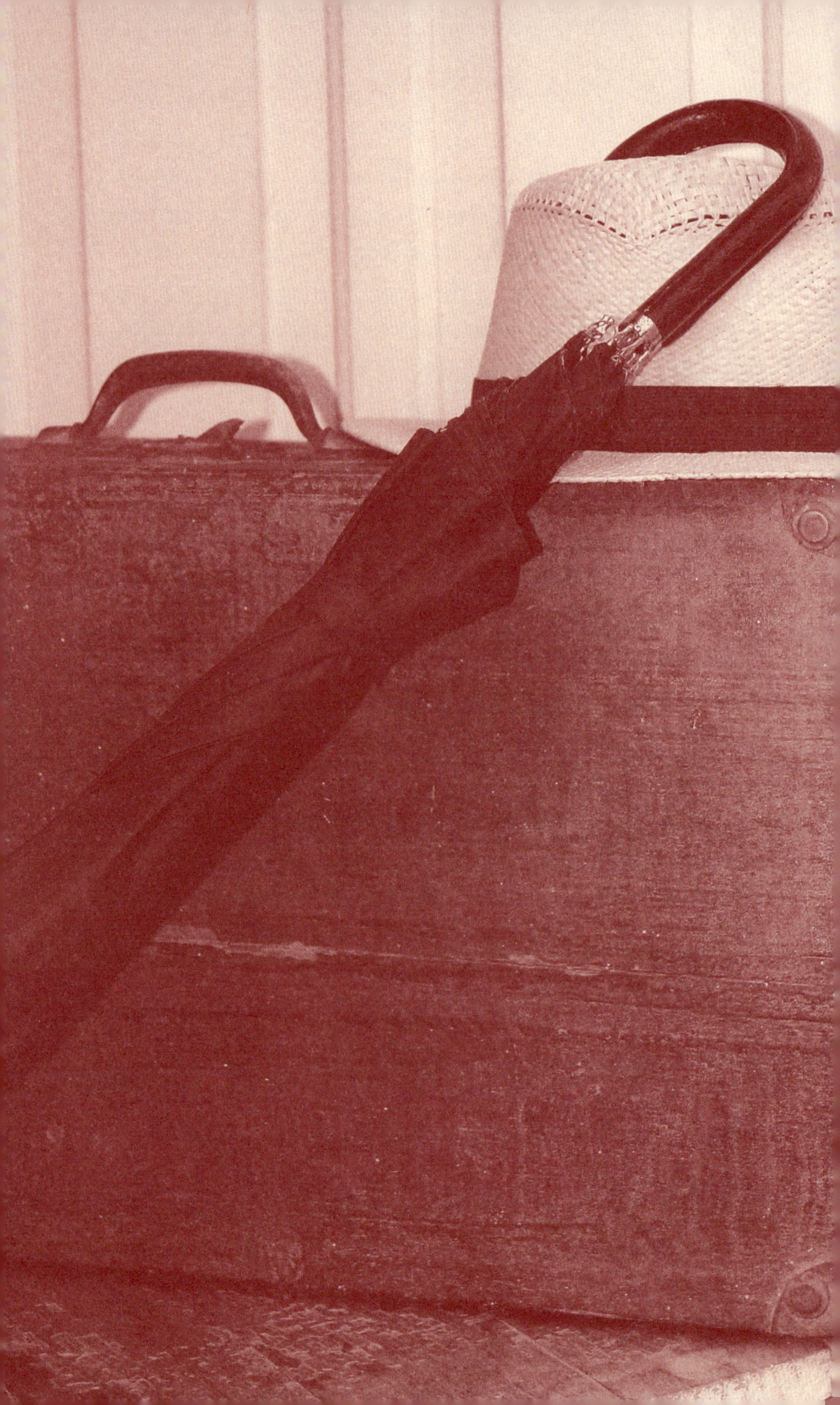

decisões foi dizer um seco "não" à oferta de trabalho como comissário de bordo da Vasp[1]... E era só o que faltava agora, no meio do rio, bater dúvida...

O que recordo é que naquele momento, sozinho – e não nas reuniões barulhentas com o pessoal tão amigo da Juventude Operária Católica, ou na comunicação da decisão, em um banco de jardim, despedindo-me de mãos dadas da Ana Maria –, foi que me dei conta de que tomar uma decisão não é a mesma coisa que executar um ato... E ali, naquele instante, em meio às águas do Ribeira (o ato), eu me punha a imaginar qual o fim de tudo aquilo e se o caminho/rio escolhido fora o melhor.

A Lancha Sete, alheia a dúvidas e a pensares, avançava rio abaixo em direção a Lagoa Nova: acelerada, embora lenta, passou por mais uma curva do rio e já não se via o porto, nem mesmo a alta torre branca da igreja e a ponte de cimento da BR-111; as margens do Ribeira monotonamente cobertas por verdes bananais. Aqui e ali, quando havia um saco de plástico amarrado em um pedaço de pau ou em uma árvore, a Lancha Sete manobrava e estacionava.

---

[1] A Viação Aérea São Paulo (VASP) foi criada no início da década de 1930. Em 1935, o governo estadual de São Paulo adquiriu parte da companhia, fornecendo uma subvenção anual que permitiu à VASP aumentar a frota de aviões e expandir suas operações. Em 1990, a empresa foi novamente privatizada, mas aos poucos foi perdendo espaço para outras empresas no mercado e, apesar de ter sido pioneira em diversos aspectos, teve sua falência decretada em 2008.

"Aqui é o Porto da Raposa", responde o mestre ao meu olhar: "Pode ficar tranquilo, professor, eu aviso o senhor quando chegar na Lagoa Nova, mas ainda demora um pouco".

Ponte sobre o rio Ribeira na cidade de Registro (1972).

Fotografia de Hernondino Chagas. Acervo IBGE.

E *pluft! pluft! pluft!*, a Lancha Sete vencia mais uma curva e aportava em Guaviruva, onde desceu a Professora Kioka, que conheci na reunião: "mas como pude não tê-la visto na lancha", pensei, "onde ela – ou eu – teríamos nos enfiado? Deus do céu, o que está a ocorrer comigo?". A professora desceu pela prancha e, ao chegar à margem, olhou para mim, sorriu, me deu tchau com as mãos e falou alto: "qualquer coisa que precisar estou por aqui". Abanei as mãos e agradeci.

Mais um porto e nele desceu um casal de japoneses idosos. *Pluft! pluft!*, mais curvas, manobras e gente que desce e gente que sobe – para onde vão? Olhei o relógio e contei: "já foram mais de três horas de viagem". Os passageiros homens me convidaram para jogar cartas, "mas é a dinheiro", avisaram. "Não sei jogar", respondi; "é escopa de quinze", "o senhor é professor, aprende fácil, a gente ensina"... Fico com a mala e o guarda-chuva, agora bem amarrado; o sol a pino, quente, produzia úmido calor; a camisa já molhada de suor... No horizonte, a oeste, uma nuvem pesada, negra... "Vai chover", pensei, com o guarda-chuva preso nas mãos.

Da cabine, manobrando o leme enorme, o mestre berrou: "Tá chegando, professor; depois dessa parada no Porto dos Assanos são só mais duas curvas, logo chega"... E o mestre, sorrindo para mim, iniciou a manobra da Lancha Sete, diminuiu a velocidade e se deslocou da calha, margeando até estacionar meio de lado, torta.

O ajudante colocou a prancha entre a lancha e a terra e me equilibrei naquela pinguela de desembarque. Ao sentir os pés na terra, fiquei parado, estático, com o guarda-chuva apertado na mão direita – por que tanta força, não sei – e a mala entre as pernas, assistindo à lancha partir devagar, enorme. Um abismal silêncio se apossou do mundo: as folhas das bananeiras paradas – não havia vento –, não se ouvia canto algum de pássaro, não se escutava mais o *pluft! pluft!* da lancha, que sumiu na curva; o mundo mergulhado em silêncio total e eu parado de olho no rio que corria devagar. Pensei: "é hora de criar coragem, seu tonto, trate de virar o corpo e ver a casa que vai ser sua e a escola onde você será o professor".

Girei o corpo, olhei e vi à margem do rio a escola/casa caiada de branco, telhas marrons, a porta da sala de aula em duas folhas com um azul desbotado, e a porta da cozinha também desbotada, quando do nada – posso garantir que do nada – surgiu um menino nissei,[2] com seus nove ou dez anos, tímido, furou a terra com o dedão do pé descalço, a cabeça baixa:

"O senhor é o professor?"

"Sim, e você, quem é?"

"Sou o Mário, vou 'pro' terceiro ano e o pai mandou entregar a chave da escola para o senhor, 'tá aqui."

"Obrigado, Mário, meu nome é Orlando."

"O pai falou que assim que o senhor ajeitar as coisas é para ir lá em casa almoçar e conversar com ele."

"E onde é a casa do seu pai, Mário?"

---

[2] É chamado de nissei o filho de pais japoneses nascido no continente americano.

"É perto, coisa de meia hora andando no passo, é só seguir o carreador no meio do bananal que dá lá..."

Mário deixou um buraco feito com o dedão do pé na estradinha de chão e sumiu pelo carreador do bananal.

Continuei parado à beira do rio: a Lancha Sete já desaparecida, escondida pela ampla curva do Ribeira, e nem se via a sombra do pequeno Mário, que se misturou com as sombras das bananeiras; e eu ainda estático, parado... "Vamos, coragem, Orlando, que a vida segue, ou inicia, não sei".

Enfiei a chave na porta da cozinha e entrei casa adentro, colocando a mala e o guarda-chuva no rabo do fogão de lenha; e, apressado – uma injustificável pressa –, passei a abrir janelas: primeiro a da cozinha, depois a do quarto, e percebi que dali se podia ver uma suave curva do Ribeira. Voltei pela cozinha e abri a janela da minúscula sala que dava para o carreador do bananal, e da salinha empurrei a porta que dava acesso por dentro da casa à sala de aula. Continuei naquela tarefa impensada de abrir janelas – quatro da sala de aula: duas davam para o rio e as outras para o bananal.

Não contente com todas as janelas abertas, era então a vez da porta da escola. Desabotoei a camisa no peito e senti correr o vento quente que não refrescava o corpo; e me assustei com o rangido da porta, que, conformada ao longo tempo fechada, a proteger a sala dos ventos e das chuvas e do sol e das noites, rangeu, reclamando da força do vento – *creimmmmm!* –, interrompendo o silêncio morno, ancestral...

Fui até a escada de três degraus que dava acesso à sala de aula e de lá me pus a ver o rio, que corria calmo, caudaloso, carregando suas águas cor de garapa. "Cuida da vida, Orlando; vamos, quem fica parado é poste." E, obediente à voz interior que me alertava, fui até a cozinha, abri a mala que havia deixado no rabo do fogão e tirei de lá o calção que estava embaixo dos livros e das camisas e das duas calças. Na cozinha mesmo tirei a roupa, vesti o calção e me enfiei nas mornas águas do Ribeira de Iguape: mergulhei e espumei o corpo com o sabonete; mais um mergulho, voltei à tona e fiquei a observar as bolinhas da espuma do sabonete boiando e o sol infiltrando as mais diversas cores às bolhas de espuma, desenhando arco-íris. Senti-me limpo e com o estômago a reclamar: hora de ir para a casa do pai de Mário, almoçar e conversar; enfim, tratar da vida...

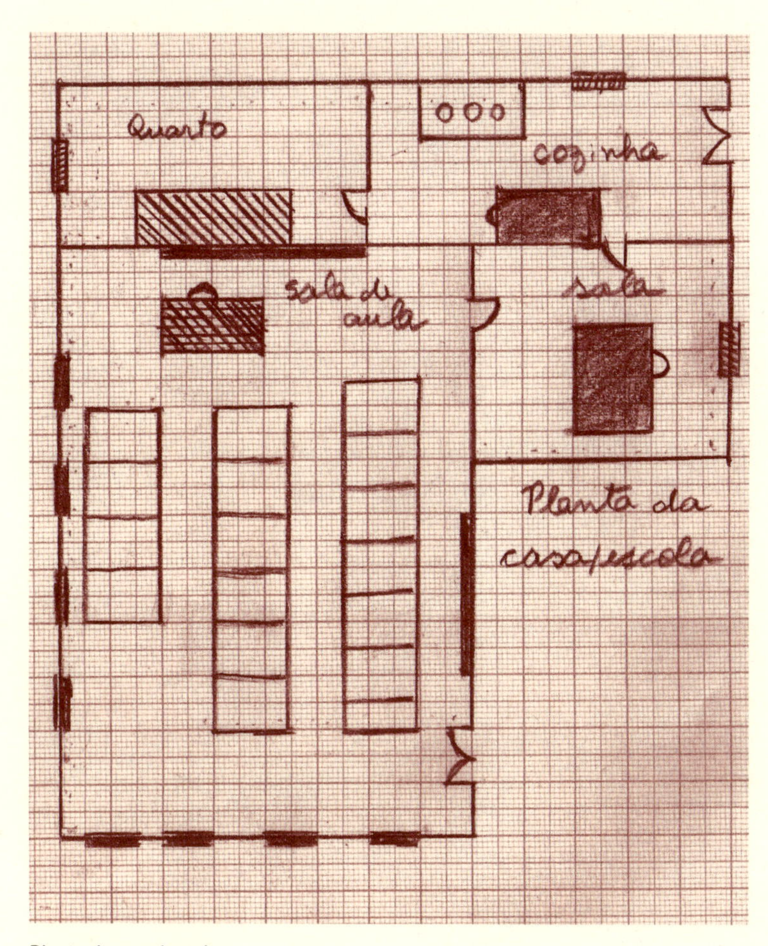

Planta da casa/escola.

Ilustração do autor.

Um belo dia de fevereiro

Da escola até a casa do senhor Seichun, pai do Mário, era um pouco menos da "meia hora no passo", como havia dito Mário: coisa de quinze a vinte minutos, no máximo, caminhando pelo sombreado carreador do bananal que iniciava – ou terminava? – em frente ao terreiro da escola. Era lá que diariamente eu passaria a tomar o café da manhã, almoçar e jantar.

A família de japoneses era oriunda da ilha de Okinawa, composta pelos dois avós, já setentões – ele cego e ela curvadíssima, mas ainda trabalhavam com seus ancinhos no bananal –; os pais de Mário – um homem forte, sorridente, grisalho, com seus cinquenta e poucos anos, e sua segunda esposa, uma japonesa com sotaque carregado, bonita, a boca repleta de dentes de ouro, o rosto redondo, quadris largos – e os quatro filhos: Mário e Hassao, meus alunos, e um menor de quatro ou cinco anos de cujo nome não me recordo; além de Oscar, filho do primeiro casamento e casado com Harumi – nos tornamos bons amigos. E a casa? Uma sólida estrutura de madeira bruta, cinza, rústica, com dois pisos e o telhado inclinado, próprio para escorregar neves que nunca cairiam.

A hora das refeições reunia toda a família à mesa. Comiam habilmente com seus *hashis*, sugando forte, emitindo barulhos, o avô arrotava sem cerimônia; todos centrados na comida e em seus sabores, em silêncio pela maior parte do tempo. O pouco que conversavam era em monossilábicos diálogos – falavam em português em respeito a mim e em japonês apenas quando a conversa era com os velhos!

No fim, tudo combinado e valores acertados: café da manhã, almoço e jantar na casa do senhor Seichun, e Marinalva, esposa do baiano Reinaldo, trabalhador braçal no bananal (e pai de dois dos meus alunos), iria cuidar da roupa: lavar e passar...

Naquele primeiro dia retornei do almoço para a escola munido de um balde com três litros d'água tirada da cisterna – para encher a talha da escola –, uma lamparina de vidro e meio litro de querosene. A tarde passou rápida: reajeitei as roupas na mala, forrei a cama, coloquei os livros na mesa da sala de aula e o resto do tempo me deixei ficar olhando o Ribeira correr silenciosamente...

Após o jantar, naquele primeiro dia na Lagoa Nova, fiquei a conversar com Oscar, o filho mais velho do senhor Seichun, e quando nos demos conta a noite já tinha caído havia tempos, e a escuridão, como um véu de breu, tudo cobria, permeando com o negro o carreador e o bananal...

No céu com milhares de estrelas, eu fiz uma figa e torci: se uma estrela cadente cair é sinal de sorte...

Falei com Oscar:

"Vou pra escola dormir, até amanhã."

"Quer que eu vá com o senhor? 'Tá escuro."

"'Carece não, tenho de acostumar..."

"Então, até amanhã."

Um minuto ou dois e os olhos se acostumaram com a escuridão, caminhei devagar imaginando que seria mais fácil quando fosse noite de lua cheia – "melhor ainda, nessas noites, ao chegar à escola, em vez de entrar vou ficar sentado no barranco vendo a lua refletida no rio que desce".

Tropecei vez ou outra até chegar à escola: tateei com a mão até encontrar o buraco da fechadura, girei a chave, abri a porta com alguma dificuldade e, apressado – sem saber o motivo de tanta pressa –, fechei-a às minhas costas e continuei a tatear pela cozinha em busca da lamparina e da caixa de fósforos que, prevenido, havia deixado no rabo do fogão. Na total escuridão, os dedos enfim tocaram a caixa de fósforos: risquei um palito e a luz se fez, acendi a lamparina, que tudo clareou, comigo a proteger seu lume do vento, fazendo uma concha com a mão, e – ainda apressado, sem saber o porquê – entrei no quarto, coloquei a lamparina no chão ao lado da cabeceira da cama e pensei, enquanto tirava a roupa: "será que vou ter medo de dormir aqui sozinho?". Deitei na cama, assoprei a chama da lamparina, que se apagou, e... dormi.

Dia seguinte, às sete e meia, eu já estava de volta do café – café de coador fraco misturado com leite em pó, chá-preto e batata-doce – para o primeiro dia de aula: abri todas as janelas (da sala de aula, da salinha, da cozinha e do quarto), escancarei as portas e, ansioso, fiquei a observar os alunos que vinham chegando, alguns uniformizados – calça ou saia azul e blusa branca –, outros sem uniforme, todos com os chinelos Havaianas presos nos dedos das mãos. Assim que chegavam ao porto da escola, desciam o barranco até o rio, lavavam os pés, colocavam o chinelo e iam se aproximando, tímidos, curiosos – eu também. Olhavam para meu rosto e imediatamente baixavam os olhos, fixando o chão, e passavam a olhar por baixo um para o outro e a trocar sorrisos silenciosos, espertamente maliciosos.

Habitação sobre estaca no município de Registro (1958).

Fotografia de Antonio José Teixeira Guerra; Tibor Jablonsky. Acervo IBGE.

Resolvi que cabia a mim tomar a iniciativa: "bom dia, sou o Orlando", e um coro desafinado respondeu: "bom dia, professor"; "bom dia, professor"; "bom dia, professor". Falei: "daqui a pouco a gente entra, já volto"; fui até o quarto me ver no pequeno espelho em que mal cabia minha cara e me vi contente. Sorri para mim mesmo: "é apenas o primeiro dia de aula, nada de susto, vai dar tudo certo. Não se esqueça das aulas da dona Odila em prática de ensino e dos livros que você leu de sociologia educacional, e os de psicologia; e os de desenho infantil, com as fases das garatujas... Vai dar certo; com certeza vai, sim, dar certo".

Saí do quarto contente comigo mesmo, e quando cheguei à porta da sala de aula, por ordem não sei de quem, encontrei em fila os dezoito alunos: à frente duas filas com as meninas – as menores na frente – e depois os meninos...

"Vamos entrar?", perguntei, mas uma voz fina no fim da fila se fez escutar: "Não vamos cantar o hino, professor?". "Tá bom, vamos" – mãos no peito, uma quarta ou uma oitava acima e o "Ouviram do Ipiranga as margens plácidas..." quebrou o silêncio; e eu, orgulhoso, senti como se tivesse alcançado o mais alto de minha dignidade.

Ao fundo, o Ribeira corria com suas águas cor de garapa, e a sala de aula limpa, varrida, de janelas abertas, de repente se transformou, ganhou vida com aquele bando de crianças: no terceiro ano, Mário e Zencho; no segundo ano, sete alunos; e os demais no primeiro ano.

Mais uma vez, por ordem de não sei quem, os nove do primeiro ano ocuparam a fila de carteiras – dois em cada uma

– mais próxima à porta da escola; na fileira do meio, ficaram os do segundo ano e, junto à janela que dava para o bananal, à esquerda, em uma carteira sentaram-se Mário e Zencho. Estes dois últimos, futuros auxiliares durante as aulas, às tardes foram meus mestres na arte de se equilibrar enquanto remava a pequena canoa estacionada em frente à escola; assim como eram mestres em armar os rústicos covos para "caçar" camarões, e encastoar e iscar anzóis para, ao entardecer – a melhor hora, segundo os dois –, pescar mandis, manditingas e bagres e, com muita sorte e boas iscas, vez ou outra, também um robalo de quilo e pouco.

E foi o Mário que, vendo a marca do sol chegando ao pé da mesa do professor, avisou: "Tá na hora do recreio, professor", e todos correram para fora da escola. Eu, tonto ou inocente – ou os dois, o que é mais provável –, aflito, queria tomar conta, receoso de que algum caísse no rio. Mas todos corriam e falavam e brincavam de pega-pega e esconde-esconde, e gritavam e comiam seus lanches... e então retornaram à sala de aula, até que Mário, mais uma vez, vendo a marca do sol quase na metade da lousa, avisou: "Acho que é hora de terminar a aula, professor".

Conferi meu relógio Eska: meio-dia em ponto. "Podem guardar o material nos bornais; até amanhã, uma boa tarde, vão para casa, não saiam correndo, cuidado com a escada"... E, uma vez fora, no terreiro da escola, os alunos gritavam, todos com as Havaianas presas nos dedos das mãos, bulindo uns com os outros; alguns caminhavam pelo carreador no sentido da nascente do Ribeira, outros em sentido contrário, e outros entravam na canoa e remavam para a outra margem do Ribeira.

Fiquei parado na porta da escola, estático, não entendendo se tudo aquilo era mesmo real, e mais uma vez fui acordado pelo pequeno Mário:

"Vamos para casa almoçar, professor, o senhor não está com fome? Eu estou, e a mãe disse que fez tofu para o almoço."

"E o que é tofu?"

"Um queijo feito de soja, o senhor nunca comeu?"

"Não, Mário, até hoje não."

Carta à Eulália

Lagoa Nova, 25 de março de 1964.

Querida amiga Eulália,

Como andam as coisas por aí? Já saiu sua nomeação pela "cadeira prêmio"?[3] *Deu para escolher o bairro do Guatapará, que, me parece, era o que queria? Me conte!*

Por aqui tudo bem: estou gostando da vida de professor; as crianças são educadíssimas (chego às vezes a pensar que são mais educadas do que deveriam), o que facilita em demasia o trabalho insano de dar aulas para três anos na mesma sala, além da divisão do primeiro ano em duas seções, ufaaa!!!...

Preciso te contar: na primeira e na segunda semanas me senti igual a um louco querendo dar conta das duas seções do primeiro ano e das lições e tarefas para o segundo e o terceiro. Por não dar conta fui ficando preocupado, e às tardes, enquanto preparava a aula do dia seguinte, batia um desespero e eu sentia necessidade de conversar com alguém mais experiente... Mas como? Com quem?

Primeiro, não há ninguém por perto: Kioka é a professora que trabalha mais perto, uma japonesa alta e rechonchuda, educada e prestativa, que dá aula na escola de Guaviruva, e daqui até lá, a pé, é coisa de duas horas. Como o irmão dela tem uma bateira (nome que dão por aqui para uma lancha pequena), muitas vezes durante a

[3] Naqueles idos tempos, o aluno dos Institutos de Educação – tanto do curso de formação de professores primários como do curso de aperfeiçoamento – aprovado com a melhor nota obtinha como "prêmio" sua efetivação nos quadros de professores da rede estadual de educação, isentando-o de prestar concurso, contagem de pontos, etc. Bastava a ele ser aprovado nos exames médicos para se tornar um professor "efetivo".

semana ela não fica na escola à tarde, vai para Registro com o irmão; enfim, fico receoso de ir até lá e nada da Kioka...

Mas, sabe, Eulália, talvez tenha sido bom: estou me virando sozinho. Ao reconhecer que a maneira como estava trabalhando não podia dar certo, resolvi primeiramente contar com o apoio de dois alunos que "nomeei" – para mim mesmo, claro – auxiliares de professor; sim, lembra-se das aulas de prática de ensino em que a dona Odila nos orientava que aos mais danados e desobedientes deveríamos oferecer trabalho, tarefas como apagar a lousa, e com isso eles se sentiriam importantes e deixariam de bagunçar? Resolvi seguir os conselhos da sempre tão impertinente dona Odila, embora, como escrevi antes, as crianças da escola sejam extremamente educadas, boazinhas.

O Mário, do terceiro ano, tem uma letra clara, bonita mesmo, e passou a me ajudar escrevendo na lousa – coloquei um caixotinho para ele subir e alcançar o alto da lousa e, ainda lembrando dona Odila, orientei: "comece usando a lousa da esquerda para a direita e do alto para baixo". E, se equilibrando em cima do caixote, Mário agora passa os exercícios para o segundo ano; enquanto isso, outro aluno do terceiro ano, também filho de japoneses, o Ademar Zencho, "recita" a tabuada do dois com os alunos da seção C do primeiro ano, sobrando para mim – o PROFESSOR – a turma da seção A do primeiro ano: utilizo a Cartilha Sodré, e assim a coisa tem funcionado um pouco melhor.

Outra coisa que fiz foi buscar saber o que levou os alunos do primeiro ano – seção C – a serem reprovados, o que deu um trabalho danado; tive de "apelar" para o inspetor de ensino, o senhor Manoel (outra hora falo mais dele, que lembra fisicamente o cônego Arnaldo e é – como o cônego – uma beleza de pessoa), para ter acesso às provas dos alunos reprovados (na Delegacia de Ensino tudo é segredo de Estado). Com base nas informações das provas, passei a planejar o trabalho a partir das dificuldades que apresentaram ao fazer o exame: problemas com o LHA/NHA/X/CH e com as contas com mais de uma dezena, além de dificuldades em "interpretar" as sentenças maiores. Passei a centrar as aulas nas dificuldades que encontraram e me parece, por enquanto pelo menos, que, continuando assim, daqui a um ou dois meses eles seriam aprovados caso fizessem o exame.

Resolvidas essas questões com os alunos do primeiro ano (seção C) e com o apoio dos "auxiliares", tenho tido mais tempo em sala para "cuidar" do primeiro ano seção A e do segundo ano, porque o terceiro ano (só tenho dois alunos, que são meus auxiliares) quase anda sozinho, e quando necessário combino uma ou outra "aulinha" de reforço com eles duas tardes por semana – antes, claro, da pescaria que fazemos juntos no rio Ribeira de Iguape.

Puxa vida; escrevi tanto e não sei se ficou claro para você – o que é mais provável, porque para mim também as coisas não estão claras –, mas uma certeza eu tenho: os dois alunos do terceiro ano, Mário e Ademar, têm ajudado tanto que chega a ter momentos que sinto um pouco de ciúmes ou inveja do trabalho deles – me parecem mais competentes, pacientes, e mais ainda, penso que compreendem "seus" alunos melhor do que eu.

Que mais? Não, Eulália, ainda não arrumei duas namoradas por aqui, ando "devagar quase parando" nesse quesito, talvez por ainda sentir saudade da Ana Maria, que não responde às minhas cartas, acho que desistiu mesmo de mim.

E o que mais? Bem, agora um sim: sou titular do time de futebol da cidade de Registro e, sempre que há jogos aos domingos, tão logo termina a aula no sábado, caminho os vinte e poucos quilômetros da escola até a cidade para jogar e aproveito a noite do sábado para um cineminha. Vez ou outra há baile no clube e a maioria das vezes durmo também no domingo em Registro e volto na segunda de madrugada, ainda a tempo para começar a aula às oito. Quem sabe, na próxima carta, com essas idas a Registro para jogar futebol, eu escreva: "sim, Eulália, já arrumei não duas, mas uma namorada".

Me escreva: um dos passatempos possíveis aqui é ler cartas, até porque em Registro – nunca imaginei – não tem biblioteca pública e me dá uma baita saudade da Biblioteca Altino Arantes, em frente à bela Praça XV, e da linda bibliotecária de olhos verdes, a Adalgisa, que toda semana me emprestava livros, mas nunca me via: só tinha olhos para seu namorado, o babaca do José Luís, e para verificar se havia rasuras nos livros que havia me emprestado.

Abraços em você e no Dario, caso vocês continuem namorando. Sabe, Eulália, que penso ser ele – o Dario – o único integralista[4] *(que conheço, claro) que não é filho daquilo (não conte isso para ele).*

Orlando

[4] O integralismo foi um movimento político de extrema direita que surgiu no Brasil na década de 1930, inspirado pelos regimes totalitaristas europeus após a Primeira Guerra Mundial.

“Um dia na vida do Brasilino”

Quem, nos dias de hoje, já leu ou ao menos ouvir falar do livro *Um dia na vida do Brasilino*? Fora os setentões, o mais provável é que haja um gato pingado aqui, outro ali... Pois foi um livro que, naqueles longínquos anos de 1964, sempre se encontrava ao lado da cabeceira da cama dos rapazes e das moças.

Na festa de formatura, realizada na Sociedade Dante Alighieri, nós, os formandos do curso de aperfeiçoamento de professores primários, do Instituto de Educação Otoniel Mota, entre um discurso e outro – do paraninfo, do orador dos alunos e da diretora –, após divertidos ensaios orientados pela dona Florianete, declamamos em coral o poema "Operário em construção" e trechos do livreto *Um dia na vida do Brasilino*, de Vinicius de Moraes e Paulo Guilherme Martins, respectivamente, e recebemos o certificado com os olhos vermelhos, marejados pela emoção das palavras declamadas.

Encerrada a cerimônia, toda a turma foi para a Churrascaria Gaúcha comemorar, onde a festa realmente terminou para mim: Ana Maria – ainda estávamos na salada do jantar – selou o fim do namoro, dizendo que "não dá certo namorar quem vai estar a mais de quinhentos quilômetros de Ribeirão, de onde não saio; cada um que cuide de sua vida; foi bom enquanto durou"... E lá fui eu para o Vale do Ribeira...

Agora, com mais de setenta anos, fico aqui escarafunchando os miolos e a memória, na difícil tarefa de trazer o passado para o presente e poder recontar um dia na vida de um professor em uma escola primária à beira do Ribeira de Iguape.

Fotografia do autor na formatura do curso de formação de professores primários.

O livreto não menciona a hora em que Brasilino acorda, mas, no meu caso, era sempre às seis horas, quando pulava da cama e, em ato contínuo, abria a janela: não havia campainha para tocar – porque energia elétrica também não havia –, e as básicas necessidades eram satisfeitas em uma casinha com fossa aberta no fundo da escola, de onde saía para o rio, onde nadava e me ensaboava com sabonete Gessy e cuspia a espuma branca da pasta Kolynos usada para escovar os dentes. Chegava pouco antes das sete horas na casa do senhor Seichun para o café da manhã, que, como já mencionei, consistia de chá-preto e café fraco de coador misturado com leite em pó e batata--doce cozida – e uma saudade do café forte e amargo, de uma caneca de leite de vaca com grossa manta de gordura no alto...

Das oito ao meio-dia, exercitava o trabalho de professor propriamente dito, em sala de aula, as mãos sujas de giz; e ao fim da manhã tinha a garganta rouca de tanto ler em voz alta, e falar e repetir que "a pata nada" e que "duas vezes um são dois", que "seis vezes sete são quarenta e dois", que "quem descobriu o Brasil foi Pedro Álvares Cabral" e que "o corpo humano é dividido em três partes: cabeça, tronco e membros"...

As tardes eram ocupadas com a correção dos cadernos – redações dos alunos do terceiro ano, problemas de aritmética dos alunos do segundo e assim por diante. Feita a correção – vale a pena contar –, era hora de consultar o "semanário" (me parece que o nome não era este, mas a memória não ajuda quando dela tanto se carece) e, com base nele, preparar o "diário" do dia seguinte. Explicando: do ponto de vista do conteúdo programático, o "semanário" era como um quadro sinóptico do trabalho a ser desenvolvido em sala de aula durante a semana – por exemplo, em História, para o terceiro ano, seria desenvolvida a abolição da escravatura, enquanto para o segundo ano, o descobrimento do Brasil... Já o "diário" era o planejamento detalhado do trabalho a ser desenvolvido no dia seguinte, e, claro, era elaborado de tal forma que os conteúdos planejados no semanário fossem concretizados naquela semana.

Valem aqui algumas considerações.

Os conteúdos programáticos, naquela época, eram rígidos e minuciosamente definidos por matéria e para cada ano escolar, e assim, mais uma vez, recorro ao exemplo na busca de maior clareza: em aritmética, para o primeiro ano, competia aos professores durante o ano letivo ensinar a escrever de zero a cem, explicar as quatro operações em suas fases mais simples, etc. O planejamento do dia a dia, visando à execução das tarefas para cumprir os conteúdos, era facilitado – no meu caso – pela utilização dos (na época famosos) Cadernos da Débora, que serviam de guia, esmiuçavam os tópicos e forneciam modelos de exercícios e figuras ilustrativas. Caso fosse "bem" seguido, o Caderno da Débora garantia não só a aprovação dos alunos no fim do ano como também permitia responder corretamente a eventuais sabatinas – sem data marcada – que o inspetor executava quando visitava a escola (essas visitas, comentava-se nas reuniões mensais, eram o terror dos professores, mas quero depois voltar a esse assunto).

Mas, Orlando, e a adaptação dos conteúdos à realidade das crianças, como orientava a dona Odila em suas aulas de prática de ensino? E eu cá respondo: no meu caso, a Débora "mandava" mais que a dona Odila. Nos diários, em questões como somar e subtrair ou em pequenos problemas, eu procurava trazer a realidade para dentro da sala – "Reinaldo carrega quarenta cachos de banana para a lancha em uma manhã, Oscar carrega trinta e cinco e Mário carrega quarenta e quatro; no fim da manhã, quantos cachos de banana estarão na lancha?" –, mas a imensa maioria dos semanários e dos diários (por que não os ter guardado?, simplesmente porque naquela época imaginava-se que o hoje era o futuro) era baseada nos Cadernos da Débora. Confesso que não questionava – como hoje o faço – essa forma de planejar e desenvolver o trabalho; ao contrário, tinha orgulho da competência que exercia em treinar os alunos para "digerir" os conteúdos e realizar as provas e os exercícios propostos, assim como me orgulhei, no fim do ano, do alto grau de aprovação dos alunos à série seguinte. É somente agora, na velhice, que me recrimino por não ter tido competência para seguir o caminho proposto pela dona Odila, qual seja, de buscar desenvolver os conteúdos a partir da realidade das crianças, e então busco consolo em Santo Agostinho:

"Nisso está o proveito de minhas confissões, não acerca daquilo que fui, mas daquilo que sou, para que confesse não apenas diante de ti (...), mas também aos ouvidos dos crentes filhos dos homens, companheiros do meu gozo e parceiros de minha condição mortal, concidadãos meus e peregrinos comigo, os que me precederam, os que me seguirão e os que me acompanham na vida."[5]

A tarde chegava ao fim, o sol se escondia no horizonte, e às seis horas a mesa estava posta para o jantar. Como almoçava,

---

[5] Santo Agostinho, Bispo de Hipona. **Confissões**. São Paulo: Penguim Classics/Cia. das Letras, 2017, pp. 253-254.

em função do horário, apenas com o Mário e o Hassao, o jantar era o encontro com toda a família do senhor Seichun, hora de admirar o hábito do pai dele – o velhinho cego – de beber estalando a língua na boca e se deliciando com o pequeno copo de pinga, que vez ou outra cabia a mim servir; e, enquanto se comia, eles com seus *hashis* e eu com faca e garfo, falava-se da safra de banana, da necessidade de dedetizar a lavoura para evitar a terrível sigatoka,[6] que se aparecesse dizimava todo o bananal, e da possibilidade de outra grande enchente com as chuvas de março.

[6] Causada pelo fungo *Mycosphaerella musicola*, trata-se de uma das doenças mais graves da bananeira.

O Oscar falava de seu sonho de roçar um trecho perto da escola com seu trator Massey e de transformar o espaço em um campo de futebol – e contava com meu entusiasmado estímulo: “um meia-direita vocês já têm, contem comigo”. As notícias do mundo de fora do bairro da Lagoa Nova eram fornecidas pelas cartas que chegavam e pelo radinho de pilha, que captava – com chiados e sumiços – a Rádio Nacional do Rio...

Às sete da noite, eu estava de novo na escola/casa para iniciar as aulas de alfabetização de adultos, que iam até às nove horas. O curso tinha nove alunos, todos homens, que trabalhavam nos bananais, e por serem migrantes do Norte e do Nordeste eram chamados de “baianos” – sinal de que o politicamente correto ainda não era moda por aquelas bandas –, ao que respondiam sorrindo: “sou baiano, mas do Piauí”, ou “sou baiano, mas do Pernambuco”; e mesmo o Olímpio, do Vale do Jequitinhonha, com forte sotaque mineiro, dizia: “sou baiano lá das Minas”. O baiano Reinaldo – este, sim, baiano dos lados de Jequié – era o responsável por trazer e operar o lampião a querosene, daqueles com camisinha, que iluminava a sala enquanto nos concentrávamos – dez homens – na discussão das palavras geradoras: "CHIBOCA" foi a primeira, e suas possíveis ramificações: cha, che, chi, cho, chu e ba, be, bi...

No ano em que fazia o curso de aperfeiçoamento, participei de um treinamento de professores, ministrado pelo pessoal da Juventude Agrária Católica (JAC), acerca da metodologia do mestre Paulo Freire para a alfabetização de adultos; e me surpreendi com a facilidade com que aquele bando de homens sorridentes, com os rostos iluminados pela luz do lampião, aprendiam e formavam palavras a partir das variações de CHIBOCA: cabo, boca, bochicho, bica... E, felizes, comentavam que logo poderiam ler as cartas que chegavam, com a certeza de que também poderiam escrevê-las eles mesmos, sem ter de pedir ao professor – que era, até aquele momento, o responsável por copiar o que ditavam para as cartas a suas namoradas, noivas, pais e mães... E cabia a mim, com sinceridade, estimular:

"Claro que sim, antes do fim do ano cada um vai escrever uma carta para a pessoa de que gosta, vocês topam?"

"Topo", "topo", "topo"...

E mais tarde, lá pelo mês de outubro: "por que chiboca não começa com o x do xadrez, professor?".

"Liga não: pense no som da palavra que vai escrever em sua carta, e que a pessoa que vai ler vai entender o que você quer dizer, e é isso o que importa..."

Carta à Eulália (II)

Registro, 29 de maio de 1964.

Querida amiga Eulália,

Como andam as coisas aí em Ribeirão Preto? Por aqui a vida segue a correr, embora haja momentos – hoje estou assim – que sinto que ela corre acompanhando o lento ritmo do Ribeira de Iguape.

Estou te escrevendo da pensão em Registro, aonde cheguei bem cedo para participar da reunião mensal dos professores das escolas rurais de Registro e pude ver – ou melhor, "vivenciar" – como é enorme e estúpido o preconceito dos professores formados no curso normal em relação aos professores "leigos", que se manifesta nessas reuniões.

Veja só: enquanto aguardava a chegada do inspetor para iniciar a reunião, fiquei a conversar com a Yara, uma experiente – além de muito bonita – professora leiga da escola do bairro da Raposa; contava a ela sobre a dificuldade que enfrentava com uma aluna do primeiro ano que escreve e lê o que escreve, mas não consegue interpretar o que lê ou escreve – o que me faz lembrar das aulas de música com a dona Dilu, em que eu "lia" as notas na pauta, mas os "dós" e os "rés" e os "sóis" não tinham para mim o menor sentido, era como se eu estivesse lendo BATUCEQUEQUAITA (Itaquaquecetuba de trás para frente). A pequena aluna pronuncia as sílabas, que não formam em sua consciência palavra alguma com sentido, tal qual os "dós" e os "rés" e os "sóis" não formavam melodia para mim...

Mas isso não é o que importa agora... A conversa com a Yara – agradável, franca e produtiva – foi interrompida pela chegada do inspetor e o início da reunião. O absurdo ocorreu durante o intervalo do café, quando fui abordado por duas professoras "formadas" que se declararam indignadas por eu ter procurado Yara para, com ela – uma leiga –, tratar de questões pedagógicas...

Confesso que fiquei pasmo, estático mesmo e sem saber como reagir, tamanha surpresa com a situação, embora a vontade fosse de dar uma de nossa amiga Benê: mandá-las à merda e pronto, mas, encabulado pelo inesperado, dissimulei, fazendo questão, no entanto, de afirmar o respeito que tinha pelo trabalho que há anos Yara realizava na Escola de Raposa. Os nervos ficaram à flor da pele pela resposta grosseira aos meus argumentos, dada por uma das professoras – Lúcia. E então perdi as estribeiras, saí do sério, e com a voz alterada afirmei que para mim era já suficiente estar trabalhando com o salário atrasado em mais de três meses, que este governo de merda nem pagar em dia pagava e ainda ter de ouvir besteiras de colegas de trabalho... e o silêncio total se estabeleceu na sala, apenas eu a falar em voz alta que esta merda de governo ainda se julgava no direito de exigir o comparecimento a reuniões, que tive de pedir dinheiro emprestado para pagar as refeições e a pensão e que tinha ainda de ficar ouvindo besteira, e concluí – ainda sem controle da voz – que, afinal, era melhor ouvir besteira do que ser surdo...

Enfim, Eulália, criei um mal-estar danado, e o inspetor, que voltava para continuar a reunião, sentiu o silêncio pesado no ar e perguntou o que estava acontecendo. Após alguns segundos de silêncio, levantei-me da cadeira e falei do atraso no pagamento do salário havia mais de três meses, que não era correto trabalhar sem ter o salário pago em dia, mas não disse nada a respeito do que, naquele momento, havia me deixado tão fora de mim... O senhor Manoel, experiente, disse que tínhamos razão em reclamar, que o que acontecia com os atrasos não era correto, mas que, do ponto de vista da Delegacia de Ensino, nada se podia fazer, que o problema era com a Fazenda do Estado, e que no dia anterior à reunião havia procurado o Coletor Estadual e que este havia informado que dentro de dez ou quinze dias o pagamento provavelmente aconteceria, e que a autorização... Ufa!!! Um saco, tudo isso!

Desabafo realizado, ou, como dizia o cônego Arnaldo nas reuniões da Juventude Operária: catarse feita, vamos agora seguir a pauta, se lembra?

Amanhã tem jogo: vamos a Itapetininga jogar com um time profissional da terceira divisão e a probabilidade de levarmos uma surra é enorme, mas vou conhecer Itapetininga e almoçar em uma churrascaria por conta do clube...

No mais, ando a namorar uma menina, filha de japoneses, que está no terceiro ano do clássico, e percebo que em nossos encontros falamos mais de literatura do que de nós, o que não é bom, acho que não vai durar muito esse namoro... procuro outra, caso ela (ou eu) desista.

E você, Eulália? Pela sua última carta, penso que vai acabar se casando com o Dario; achava que, dadas as posições políticas que ele defende – integralista –, o namoro não iria durar, mas durou, que bom... Quando for se casar, não *se esqueça de me avisar; quero ir te ver toda de branco na igreja: gosto muito de você e – penso já ter dito isso – respeito o Dario, para mim o único integralista que conheço que não me parece ser filho daquelas mulheres que moram – ou dormem – naquelas casas com a luzinha vermelha acesa no alpendre que ficam no final da rua José Bonifácio...*

Abraços,

Orlando

P.S.: Me escreva, tão logo for possível; ando carecendo de notícias.

“Kutsu ga Naru” e “Asa Branca”

Sempre gostei muito de jogar futebol! E foi jogando que conheci Shinoraru: nissei, filho de um fazendeiro da região da Lagoa Nova, que estudava zootecnia em Pirassununga – o único curso de segundo grau da USP até então. Apesar de sermos "vizinhos", morávamos a apenas três ou quatro curvas do Ribeira; o fato de estudar fora fez que nos conhecêssemos apenas quando o Registro Baseball Clube (RBBC), time pelo qual jogava, foi até Juquiá disputar uma partida contra a seleção daquela cidade. Shinoraru, que estava durante aquela semana na casa dos pais, também jogou – aliás, um bravo e elegante beque central –; nós nos falamos no campo, depois no retorno para Registro, e voltamos juntos para Lagoa Nova – eu de carona em seu trator Massey Ferguson.

No fim da semana, Shino me convidou para jantar em sua casa, e foi então que conheci sua família: seus pais, um casal de sessentões alegres e bem-humorados, e suas duas irmãs, elegantes moças com seus trinta e pouco anos, ambas solteiras...

Cheguei para o jantar com o dia já se escondendo e me impressionou o capricho e a elegância da casa da família Hashimoto: a enorme sala, espaçosa, com amplas janelas acortinadas dando para o rio; as tábuas de madeira do assoalho enceradas, brilhantes; as paredes da sala com quadros e fotografias emolduradas com bom gosto; a mesa coberta com branca toalha, vasos com flores... Seu pai – o senhor Hashimoto – me ofereceu saquê (bebi e não gostei) e, em meio a conversas, não conseguia tirar os olhos da estante que cobria toda uma parede, com as prateleiras repletas de livros e mais livros...

Penso que uma das irmãs de Shino percebeu e, educada, perguntou se queria ver os livros, colocados de forma ordenada. Na primeira olhada, deu para ver a coleção infantil – completa, afirmou Inês – do Monteiro Lobato, que eu havia lido e analisado com a dona Florianete no curso normal. Entre muitos outros, havia vários livros do Machado de Assis; *As vinhas da ira*, do Steinbeck; quase toda a obra do Jorge Amado; *Por quem os sinos dobram*, do Hemingway, e quatro ou cinco livros de uma autora norte-americana que eu não conhecia e que havia ainda ganhado o Nobel de literatura – Pearl Buck –, de quem Inês, enquanto me mostrava os livros, afirmou gostar muito.

Resumindo: naquela noite, depois de beber saquê, comer sashimi de robalo, tempurá de camarões do Ribeira e sukiyaki, com a barriga cheia e me sentindo feliz com a acolhida, voltei para a escola com dois livros da Pearl Buck e um do Lobato – *Reinações de Narizinho* –, que passei a ler para as crianças aos sábados, após o recreio...

Shinoraru voltou na semana seguinte para Pirassununga e combinamos de nos ver em Ribeirão Preto no início de julho, quando estaríamos os dois de férias. Passei a frequentar a casa do senhor Hashimoto, com quem conversava muito, e também com Inês, que havia estudado música e canto em São Paulo quando esteve "internada" em uma escola em regime integral para filhas de japoneses imigrantes.

Quando soube das minhas dificuldades com os "dós" e os "rés" e os "fás" e os "sóis", ela se propôs a ir até a escola aos sábados para, caso eu concordasse, cantar com as crianças; e assim as aulas de sábado, após o recreio, se tornaram extremamente agradáveis não só para as crianças como para mim. Terminado o recreio, eu lia um pouco de Monteiro Lobato para os estudantes, e depois se seguia a aula de canto, com a criançada aprendendo a cantar – afinada – desde músicas de ninar japonesas (recordo ainda de uma: "Kutsu ga Naru", cuja melodia é encantadora) até "Asa Branca", do Gonzaga.

A sala de aula era pura alegria para os "baianinhos", que aprendiam a melodia e a letra – com "tradução" da Inês – de várias cantigas folclóricas japonesas, e se divertiam em "ensinar" Inês a arrastar os pés para dançar "xaxado" ao som do "quando o verde dos teus olhos se espalhar na plantação, não chore, não; eu voltarei, sim, pro meu sertão...", que inundava de sons a sala de aula. Encostado na parede, próximo a uma janela que dava para o Ribeira, eu ficava emocionado com o canto e a amizade entre as crianças e Inês... pura festa.

E a hora da saída, avisada pelo sol que chegava até a altura da lousa, havia chegado depressa demais, com as crianças – milagre dos milagres – reclamando de a aula ter chegado ao fim. Tristes/alegres, elas enfiavam seus livros e cadernos nas capangas e, como era sábado, nada de filas, todas saíam ao bel-prazer: os "baianinhos" cantarolando "Otete tsunaide...", do Kutsu ga Naru, enquanto os nisseis – alguns desajeitados, outros com mais jeito – arrastavam os pés e cantarolavam "quando o verde dos teus olhos, se espalhar na plantação"...

Os exames finais

Meio século se passou, e, claro, não foi em vão; o recordar é sempre um encontro consigo mesmo, e o tempo passado – no meu caso não é pouco – afeta as lembranças da realidade vivida, imbricando-as, se é que se pode dizer assim, com realidades sonhadas. Imagino também que muitas realidades vividas, talvez demasiadamente duras e sofridas, para conforto da saúde mental, se embrenham inacessíveis no fundo de uma caixa negra do cérebro, e ficam por lá como que hibernando, inertes, imunes a recordações... E mais ainda: não se pode descartar a síndrome de Korsakoff, que, como se sabe, compensa a perda da memória pela invenção de fantasiosas histórias.

O que sei é que essa caça a cantos e recantos da memória muitas vezes me deixa com a cabeça zonza, me sentindo incapaz de pensar seguindo a linha do tempo, e penso – ou imagino – que é como se estivesse olhando o Vale do Ribeira do alto de uma nuvem cinzenta, pronta para despencar grossas chuvas, do alto enxergando a escola e os bananais como uma minúscula maquete...

O consolo, agora ao escrever, é fornecido por um parágrafo da novela "Era só brincadeira", do livro *Os cavalinhos de Platiplanto*, de José J. Veiga, que copio: "Não pense o senhor que eu estou duvidando de sua palavra, concluiu ele. Eu posso estar duvidando é da sua memória, e isso não é ofensa".[7]

***

[7] José J. Veiga. **Os cavalinhos de Platiplanto**. 2ª ed. Rio de Janeiro: Companhia das Letras, 2017, p. 69.

O senhor Manoel, inspetor de ensino, avisou, tão logo deu início à reunião mensal de outubro, que aquela seria a última do ano, tendo em vista que o mês de novembro estaria reservado para a realização dos exames de fim de ano. A informação acarretou um muxoxo na sala, um zum-zum-zum liderado pelas professoras, que – mais corajosas e, por que não, mais sábias – valorizavam as reuniões mensais, pois, apesar de uma intriga aqui outra ali, ou de tolas fofocas (algumas inocentes, outras nem tanto), elas reforçavam ou "davam cola" ao sentimento de "pertencimento" à tribo de professores.

Uma tribo com estúpidas divisões em subtribos: a subtribo dos professores leigos e a dos professores formados, a dos professores das escolas próximas à cidade, que permitiam morar na cidade, e a dos professores de longínquas escolas, como era o meu caso; mas todos – apesar dos pesares e das queixas – de certa forma se sentindo membros, "pertencentes" da tribo de professores rurais do município de Registro.

Voltando ao assunto: além da informação de que não haveria reunião pedagógica em novembro (retornando à questão da memória: não tenho certo, hoje, se as reuniões mensais eram mesmo chamadas de "reunião pedagógica mensal"), a de outubro limitou-se às sempre presentes questões burocráticas levantadas pelo inspetor de ensino (sem nenhuma ironia em relação ao inspetor, por quem tinha enorme respeito e estima, sentimentos que a memória mantém até os dias de hoje) e às nossas – dos professores – sempre presentes reclamações relativas aos salários atrasados. (E vale o registro de que o pagamento em dia dos professores teve início apenas no ano de 1966.)

No fim da reunião, abraços de despedida com promessas e cobranças: "não se esqueça de me escrever, você anotou mesmo meu endereço?", "Sim, tenho seu endereço anotado e vou escrever". Kioka – a rechonchuda e alta amiga professora do bairro de Guaviruva – convidou-me para almoçar em sua casa, onde comi, ou saboreei gulosamente, um virado à paulista: arroz (com sal), couve, tutu de feijão, torresmos, ovo frito e bisteca de porco; e enquanto almoçávamos seu irmão contava piadas sujas, repletas de palavrões. Depois do almoço foi hora do café de coador, forte, amargo, e de longo papo:

"'Tão falando que quem vai fazer o exame na sua escola é o senhor Manoel."

"Verdade, Kioka? Mas como você sabe?"

"Sexto sentido, Orlando, que nós mulheres temos." E sorriu o seu sorriso largo, sem – como a maioria das mulheres descendentes de japoneses – esconder os lábios com a mão...

À noite, teve baile no clube; no domingo, jogo de futebol; e na segunda, primeiro de novembro, visita ao cemitério, onde estranhei o costume dos japoneses e nisseis de depositar comida junto aos túmulos de seus mortos...

Bem aproveitado aquele fim de semana mais comprido em Registro, no caminho de volta para a escola, na ainda escura madrugada do dia três de novembro, voltei a pensar no exame final, que provavelmente ocorreria no dia onze de dezembro, e o qual, segundo a Kioka, seria realizado pelo senhor Manoel. Ficou claro para mim que, caso a informação se confirmasse, seria do meu agrado: mantive naquele e nos dois anos seguintes uma relação respeitosa com o inspetor de ensino, sempre à vontade para defender meus pontos de vista com sinceridade, sem temor, assim como, sem submissão, ouvia e acatava seus pontos de vista... Enfim, uma relação profissional sadia, que pude manter durante todo o tempo em que trabalhei como professor primário.

E naquele caminho de volta, naquela longínqua madrugada do dia três de novembro, também ficou claro, muito claro para mim, o que queria na vida: ser professor primário, prestar concurso e ser efetivado junto à rede estadual, e depois, como professor efetivo, fazer o curso de Administração Escolar, com duração de dois anos, de preferência no Instituto de Educação Otoniel Mota – uma das exigências para prestar concurso para o cargo de diretor de grupo escolar –, ser aprovado no concurso, me tornar diretor de grupo e, como diretor, ao longo dos anos, por meio de transferências, trabalhar nas mais distantes regiões de São Paulo, e com isso conhecer bem o estado – era o estado de São Paulo, naquela época, o limite, o que interessava...

No início de dezembro, a Lancha Sete aportou em frente à escola e o marinheiro desceu com vários envelopes – cartas vindas dos amigos e da família e um envelope sem selo, lacrado, com um bilhete do professor Manoel, informando que seria ele o examinador da escola, que o exame ocorreria no dia onze de dezembro e, se eu e os alunos estivéssemos de acordo, ele faria os dois exames na manhã: primeiro o das crianças e, no seu término, previsto para as dez horas, o do curso de alfabetização de adultos...

Às sete e meia, em uma canoa larga com mais de sete metros de comprimento, motor Yamaha, chegou à Escola de Emergência do Bairro da Lagoa Nova o senhor Manoel, sorridente, elegantemente vestido, uma capa de gabardine a proteger o terno cinza dos respingos causados pelo atrito da canoa com as verdes águas do Ribeira:

"Bom dia, professor."

"Bom dia, seu Manoel, fez boa viagem?"

"Sim, o piloto é meio doido, mas chegamos vivos; se quiser dá para você voltar com a gente, tem espaço na canoa."

"Não vai dar, professor, vou ficar o fim de semana aqui..." – e aproveitei para avisá-lo de que os alunos do curso noturno não poderiam realizar o exame no período da manhã: eles estavam ocupados com carga para encher duas bateiras com cachos e cachos de banana, os quais seriam exportados para a Argentina; mas que poderiam vir lá pelas quatro horas, ainda de dia...

Na sala de aula, lembro bem, apresentei o senhor Manoel às crianças, dizendo que ele era um professor experiente, mais velho, e que estava ali para realizar os exames; que todos deveriam ficar atentos e prestar atenção ao que ele iria dizer; que caprichassem ainda mais nas letras e que revisassem as continhas duas vezes, pelo menos...

O sorriso simpático e um alegre e alto "bom dia, crianças!", que ecoou pela sala, deixaram o clima sem tensão, e as provas foram feitas com absoluta tranquilidade, comigo pelo menos (a "figura" do inspetor de ensino, naquela época, não era das melhores, sempre associada a "revistas" no que diz respeito à limpeza dos uniformes e das unhas e das orelhas, assim como ao hábito de – com base nos diários e semanários – sabatinar os alunos, causando muitas vezes desagradáveis constrangimentos a professores e alunos). Antes das dez horas, os alunos haviam terminado os exames e foram liberados. O inspetor deu início então à correção das provas, para o que solicitou minha ajuda, e assim, agora nervoso, cooperei na correção: dois alunos do primeiro ano, como esperava, foram reprovados, e os demais, aprovados: "passaram de ano", que era como se dizia.

Durante o almoço, percebi uma discreta troca de olhares entre o senhor Manoel e o senhor Seichun, e, como imaginei que aqueles olhares se tratavam da minha volta para a Lagoa Nova no próximo ano, me senti incomodado, mas o assunto – ou seja, a proposta para meu retorno no próximo ano – ocorreu mais tarde, na escola, enquanto aguardávamos os adultos para o exame.

Conversamos muito e o senhor Manoel me disse que havia sido procurado, na Delegacia de Ensino em Registro, pelo senhor Takamura, representante da colônia dos japoneses da Lagoa Nova, solicitando que eu retornasse no ano seguinte, pois estavam contentes com minha presença e com meu trabalho; e que ele, o inspetor de ensino, havia tido alguns problemas com meu antecessor por causa, principalmente, da questão de seu "vício" de beber durante o recreio, o que o levava a dormir e ficar sem condições de continuar seu trabalho (rememorando e contando nos dedos, agora, é possível afirmar que o número de professores/homens alcoólatras era bastante alto, coisa de cinquenta por cento ou mais – penso que, talvez, em virtude da vida extremamente solitária que o trabalho de professor nas distantes escolas rurais exigia). Informei ao professor Manoel que não voltaria no ano seguinte, pois queria ir para uma escola mais próxima da cidade, e que a diretora do Grupo Escolar de Sete Barras havia me convidado para a Escola de Votupoca, convite que havia aceitado; e que, ao me despedir dos alunos e de seus pais, naquele fim de semana, iria informá-los de que não voltaria no ano seguinte.

Fiquei o fim de semana na escola, o que não era costumeiro: visitei famílias com as quais havia travado amizade, e, no fim do dia, depois de nadar no Ribeira, fui até o Porto do Hasano, onde recolhi dois covos cevados que estavam com dúzias e dúzias de camarões, fora três lulas. Em uma época sem e-mails e nem telefones, havia sido combinada minha "saideira", em que se improvisaria um jantar: o senhor Hashimoto faria no fogão da escola os camarões e as lulas, o Reinaldo ficou de caçar e trazer rãs já fritas, o Oscar prometeu meia dúzia de cervejas, o Shino traria saquê; o pai do Zenzo, além da pinga de seu alambique, uma traíra assada; e havia ainda o Shindio, o Lázaro, o Augusto, o Dorival, que com certeza trariam alguma coisa, cada um responsável por trazer seu prato e garfo para a festa de despedida.

Nem bem o sol se escondeu, naquela noite de sábado, e a escola já foi se enchendo de gente: primeiro lotou a cozinha, e os que iam chegando foram para a salinha, que também se entupiu de gente falando e bebendo e sorrindo. Não cabia mais ninguém, com a cozinha e a salinha inundadas de risos e falas, e então alguém teve a iniciativa de abrir a porta que separava a salinha (onde escrevia meus diários e semanários, corrigia os cadernos da criançada e lia meus livros), incorporando a sala de aula na festança; e assim a casa/escola, iluminada por dois lampiões a querosene, tornou-se um ser com vida própria: o pessoal ia se acomodando, cada qual em um canto – no chão ou nas carteiras, e até no rabo do fogão –, só mesmo o minúsculo quarto onde eu dormia permaneceu com a porta cerrada.

E na casa/escola se comeu e se falou e se bebeu; conhecidas histórias foram contadas, outras na hora inventadas; sorrisos viraram gargalhadas, que quebravam o silêncio do bairro da Lagoa Nova...

Na segunda, recebi os alunos e nos despedimos.

Nas despedidas
O mais doloroso é que
– tanto o que fica como o que vai embora –
põem-se os dois a pensar:
"Meu Deus, quando é que parte o raio deste trem?"
(Mario Quintana)

"As despedidas", em *Velório sem defunto.* Alfaguara, Rio de Janeiro.

Terraços à margem esquerda do Ribeira do Iguape (1958).

Fotografia de Antonio José Teixeira Guerra; Tibor Jablonsky. Acervo IBGE.

E à tarde, logo após o almoço, de carona na bateira do irmão da Kioka, com a mala e o guarda-chuva, deixei a Escola de Emergência do Bairro da Lagoa Nova, a caminho de Registro.

Naquelas três horas de viagem, na proa da Bateira Sakura, percebi que, mais que apenas conhecer, já gozava de fraterna intimidade com as águas e com as curvas do Ribeira, com o seu silêncio e com seus portos e bananais, e até mesmo com as imóveis garças brancas que pousavam, durante o verão, na velha paineira... Foi um bom ano!